AF236117

Whisky im Schatten
Notizen

Von Thomas Schwarz

©2022 Thomas Schwarz
Herstellung und Verlag: BoD – Books on
Demand,
Norderstedt
ISBN 978-3-7557-9596-4

1.

Zu Weihnachten bin ich betäubt

Von dem Grünen

Auch ein Baum

Geschenke voller Grau

Erinnerungen Schwarz

Alles verloren, bleibt doch

Nur die Familie

Werde euch missen

Wenn ich weg bin

Oder ihr...

Wir werden uns wiedersehen...

2.

Alkohol und Musik
Die Freude im Moment
Lang bleibt sie nie,
muss immer gehen, besonders wenn ich
mich wohlfühle.
Kann nicht länger atmen
Muss alles lassen
Werde doch noch machen
Die Sachen
Die weiter
Vergessen lassen.

3.

Der Kopf schmerzt
Voll von den Pillen
Jetzt kommt Wein,
dazu ein Käse-Brot
eine Zigarette und der Kopf
ist gerettet.
Doch an´s denken vom Sex
Mit der Ex
Bleibt nichts von mir
Nur Schweiß, nass.
Die Hand tut weh.
Spiel gegen mich selbst
So hat sie´s bestimmt.
Deswegen die Pillen
Weil alles, gegen meinen
Willen.
Der Kopf schmerz.

4.

Der letzte Tag des Jahres
Kam und ging
Um Mitternacht
Bin ich im Gleichgewicht
So kann es sein, dass
Die Dinge egal sind
Ich alles vergesse
Und neu starte
Die Spirale des Leidens
Die Spirale des oben seins
Die Flaschen sind alle getrunken
Die Zigaretten weg
Zum Glück ist Geld gerade gekommen
Muss mir auch Äpfel kaufen
Sonst kommen die Krämpfe
In der Nacht
Ganz allein gelassen
Wende ich mich ab
Und steige in den Sarg

Hinab.

5.

Ja sie melden sich

Wenn du am Boden bist und

Nicht mehr daran denkst

Kommen sie zu deinem Grab und legen

Blumen drauf.

Eine SMS kann alles ändern

Alles retten oder alles

Zerstören.

6.

Bei meinem Bruder ist alles

Ein fest.

Werde ihn immer lieben

Wie noch nie einen anderen

Mensch

Sind wir

Zusammen kann uns nichts was anhaben.

Zusammen sind wir stark

Zusammen sind wir zusammen

Ein und der Gleiche

Grausam und nett

Liegt uns in den Genen

So werden wir auch immer

Suchen nach den

Gaben die uns

Die Welt schenkte

Im anderen

Werden wir sie

Finden.

7.

Wenn die Energie kommt

Sind die Beine nicht ruhig

Der Körper vibriert

Der Kopf schwebt im Universum

Die Augen glitzern

Ist alles vergessen

Kann es ein besseres Fest geben

Als dieses eine mit deinem Bruder

Wenn ja, dann nur im Traum

Daran glaub ich nicht

So bleibt nur der eine Mensch

Mein Bruder

Was ganz Besonderes

8.

Wenn ich an ihn denke
Bricht mir das Herz.
Kein anderer hat so viel Schneid.
Immer ein Lachen
Das er hören lässt.
Guter Kumpel, guter Bruder
Er ist meiner, der einzige
Kann es keinen zweiten geben.
Wie viel Zeit bleibt uns,
Jahre hoffe ich.
Gute Zeiten zusammen
Haben und hatten wir.
Wird jeden Tag an dich denken
Dein Name unter meiner Haut.
Dein Grinsen im Gedächtnis.
Bin so traurig, dass es
Mich zerstört.
Warst immer für mich da
Auch wenn du mich angeschrien hast.

Wenn ich dir kein Vorbild war

Werde dich missen jeden Tag

Unsere Zeit gestohlen von der Krankheit

Der Tod so nah.

9.

Allein am Sonntag
Auch wenn es Mittwoch ist
Kann ich nicht anders
Und muss trinken und rauchen
Musik hören, Bücher lesen
Dumme Gedichte schreiben
Sind doch alle geblieben
Bei mir im Zimmer und
Haben gelacht.

10.

Wenn ich an Sex denke

Kommt mir der schrecken

Wenn ich an Sex denke

Kommen mir so einige in den Sinn

War nie allein

Doch der Kontakt lässt mich schaudern

Blöde Gedanken

Sex

Sex

Haut

Flüssigkeit

Kann mich nicht abgrenzen

Verschwinde im Loch

Eingesperrt im Körper

Gedanken so frei

Kann ich nicht anderes und wieder an Sex

denken

Flüssigkeit, Reibung und Hitze

So viele sind in meinem Kopf

Muss alles niederdrücken

Und die Gedanken verschwinden

Durch den Kontakt verbunden und doch

So allein gerade in meinem Zimmer

Denk ich nur an das eine

Die EINE.

11.

Traurig und beschaulich

Bin ich allein

Schwach und klein

Alles ist mir genug

Kann nicht mehr weiter machen

Nur Schatten und Leid

Kein Sieg ist mir genug

Jetzt bricht die Nacht herein und ich

Kann nicht vergessen

Meine Vergangenheit

Denn sie ist zu viel

Muss liegenlassen die Sachen

Nicht weiter machen

Genug ist genug

Werde trinken bis ich schlafe

Oder halluziniere

Von besseren Orten träumen

Der Schluss ist schon geschrieben

Genug ist genug

12.

Feste feiern, wie sie fallen

Wenn es immer ein Fest ist

Das Leben

Nur nach oben schauen

Tief geht es runter

Somit relativ ob Hoch oder Normal

Sehe mich selbst nicht mehr

Bin verloren

In den Gedanken des Alkohols

Kann nur sehen das glitzern

Von der einen

Bin so weit entfernt

Kann es sein, dass ich ankomme

Und doch nicht komme

Weg bin, für immer und doch genau hier

Im jetzt und hier

Bei meinem Bier im Zelt

Auf dem Fest

Der ewigen Freude

13.

Der Hass
Kommt langsam hoch
Tief war er vergraben
Doch auf Z-Drugs
Lässt es sich nur lachen
Und vergessen
So dass der Hass
Keine Erde findet in
Meinem Garten
Voll von Gaben
Die ich zu vergiften versuche
Durch das kleine Kind
Welches dem Hass
Innewohnt.

14.

Betäubt
Betäubt
Such ich nach
Neuen Leuten
In mir sie zu finden
Wird schwierig
Kommst sonst wieder an einen Ort
Da hast du kein Recht.
Alles wird gemacht, um dir zu helfen
Wie hässlich dieses helfen doch ist
Kann nicht jeder bei sich bleiben und den
anderen lassen.
Ich genüge mir selbst. Und ganz besonderes
meiner Welt
Stark versperrt mit vielen Riegeln
Bin ich allein beim Feuer meiner Seele, und
sehe hinein
Dort erkenne ich die Fehler
Des Alleinseins.

So lasst uns trinken und lachen

Bis sie verschwimmen in den Augen dieser
Welt.

Ist das doch der größte Gewinn

15.

In meinem Zimmer am

Samstag denk ich an die Arbeit

Die Menschen die mich

Auf meinem Weg begleiten

Wie lange kann das noch sein

Werde immer alleine

Zwischen Aschenbecher und Flaschen

Liegen, bis ich mich verbiege.

Trotzdem kein Kind der Sorgen

Hab so viel erlebt

Bin dankbar für alle

Wegbegleiter.

Die die mich gesehen haben

Können sich denken was sie wollen

Werde nicht nörgeln

Kann doch alles ertrinken in Sorgen

Auf den Samstag, früh am Morgen

Wenn die Drogen Mal wieder

wirken.

16.

Weg schieben die Sachen

Die dich belasten

Weg von meiner Seele

Die Sachen die mich hassen

Trauer in Phasen

Wird die Schande auch noch kommen

Denke ich besonnen an die Dinge

Die ich liebe

17.

Wenn ich nicht da bin

Hat nichts einen Sinn

Im dunklen sitz ich

Mit einem Drink in der Hand

Kann ich mich nicht anhalten

An die Dinge die mich fressen

Fast ganz allein

Bin ich am schlagen gegen den Spiegel

Der mir so sehr zeigt

Du bist nicht allein

Kann es nicht ertragen

Die Gesichter in den Träumen

Die mich jagen und mir sagen

Benutz deine Gaben.

18.

Wenn ich an meine Ex denke

Und an die andere

Und an die andere

Frage ich mich was wollten wir voneinander

Körper und Geist verschlossen

Sind doch für ewig verflochten

In einer Zeit die ihre Berechtigung hatte

Jetzt nicht mehr

So sitz ich allein und frage mich was

Was will ich

19.

Die Drogen und der Alkohol
Sie betäuben die Geister in mir
Geister vergangener Zeit
Kann nicht fliehen vor den Dingen
Sünde immer gebunden an Spritzen
Kleine Löcher voller Glück
Kann kein Mensch ersetzen
Kein Buch, kein Lied
Bringt mich dem Himmel so nah
Dass ich wieder singe, voller Glück
Und vergesse wer ich war
Und wer ich sein werde
Wenn alles zu Staub zerfällt
Bin ich allein mit mir und meiner Seele
Würde auch diese hergeben für ein Loch
Die Spritze voller Glück

20.

Wieder Mal dieselbe Runde

Medikamente ohne Ende

Wo bin ich nur hin

Eine Injektion bleibt; der ewige Traum

Kann nicht verschwinden so lange ich Familie

habe

Kann es ihnen nicht antun

Nur mir selbst egal

Die Anderen sind mir wichtig

Familie hört nicht beim Blut auf

Familie bleibt auch nicht für immer

Wege trennen sich

Vergangenheit erlischt im Licht

Die Nadel

Kann ich alles vergraben.

21.

Muss weg von hier

Weit weg, weit weg

Kann es mir leisten alles von neuem zu

beginnen

Will nicht süchtig sein nach dem Stoff

Der Stoff schafft ein Loch

In meinem Herzen, nichts bleibt

Keine Freunde und keine Freude

Alles verloren

Bin ich allein mit mir und meinem weißen

Papier

Wenn ich glücklich sein will, muss ich graben

Graben nach den gaben die einen gegeben sind

Von Geburt an, alles verloren

Weit weg ist das Ziel

Das Ziel des verloren Seins

Kann doch noch immer glauben

Mein Wissen ist beschießen

Hirn kaputt, Leber auch

Gebe ich mich auf

Und bin mal weg

Weg von den Traum des ewigen

Alleinseins.

22.

Wenn die Welt mich um singt
Und ich bin paranoid wie schon als Kind
Kann es sein, dass ich schlage
Und versage
Klein und Beton vor dem Kopf
Scherben im Garten und nichts
Kann mehr warten
Werde ich allein sein und mich besinnen
Schon bin ich wieder erwachsen und habe
Einen Kopf voller Träume die aber nicht
schmerzen
Denn nur das Kind in mir hat die Wunden
Leider sieht aber auch nur das Kind
Alles im Leben ist ein wunder
So sind beide ungebunden

23.

Wenn die anderen sind am Verzweifeln

Kann ich mich preisen

Doch ist mein Bruder allein

Bin auch ich nicht genug

Denn nur das Grün nimmt den Schmerz

Bei mir flüssig und Braun

Bei ihm der weiße Rauch

Zwei vom selben Schlag, sind wir uns aber

nicht genug

So bleibt er allein und ich bin einsamer

Denn ich vermisse ihn und unsere Feste

Munter bis früh morgens mit großen Augen

Die Musik laut und Schwarz-Licht im dunklen

Wo endet es nur

Kann es nicht erraten und will ich auch nicht

Hoffe aufs Beste

Denn das Glas

Ist doppelt so groß wie es sein sollte

Somit passt noch was rein

Feste und lachen

Der Stoff, der Stoffe

Ist dann doch unsere einsame Gesellschaft

24.

Ghetto und Gras; was will man(n) mehr

Frauen hier und da

Kann es sein, dass ich bin ein Schwein

Wenn sie lutscht und schluckt

Kann auch lecken und stecken

Wo soll das enden

Werde nicht mehr runter kommen

Von dem Kino im Kopf; dem Rausch im Herzen

Die Seele auf See

Die Spree am Körper

Wird alles irgendwann sehr teuer

Somit brauche ich Geld und schreibe

Bis die Welt mich kennt

Und singt diese Lieder

Egal ob alle sind Diebe

Denn es sind meine Triebe

25.

Wenn ich bin am Boden – geistig

Denke ich an das Bild mit dir.

Du im Bett mit Grippe

Hinter dir ein Kadinsky und ich

Mit Kamera der das Bild macht

Will mich nur niederschießen mit brauen Stoff

Die Spritze drückt es hinein

In die Venen und ich sinke zu Boden

Dort wo ich eh schon bin

Nur glücklicher

Wie schon als Kind

Mit einem Grinsen im Gesicht und nassen

Augen

Sehe ich das Bild und

Kotze am Boden

Leben ist schön

Sehe nur noch Grün.

26.

Im Spital sind sie für dich da
Da kann es sein, dass die Drogen wirklich
wirken
Und du bist allein mit dir und
Deinen Gedanken
Wenn sie dich packen in weiße Westen.
Betrunken früh Morgens kann ich nur noch
mehr rauchen
Weiter trinken und fressen
Bis die Schweine liegen zu deiner Seele
Rauchen, trinken
Nichts ist vergessen
Alles für immer konserviert,
in deinem Hirn
wo bessere Orte warten, und du kannst dich
finden
musst selbst nicht mehr verschwinden
sondern dich zeigen
nackte Haut und dunkle Augen

warten in dem Ort

das Leben ist doch wie immer

ein Tollhaus.

27.

Liebe habe ich übrig

Geld nicht, liegt's im Gewicht

Die Welt ist gefickt

Wenn du nicht weiter machst

Werden andere kommen

Dich bestaunen und zum Laufen gebracht

Kann es sein

Tot sein ist im Hirn

Verloren und benommen

Bin ich entkommen

28.

Wenn ich an dich denke

Bin ich traurig

Eigentlich denk ich an uns

Kann es kaum glauben das es uns gab

Nichts mehr übrig

Ganz allein im dunklen

Trink ich und höre unsere Lieder

Denke an die Berührungen

An deine Küsse

An deinen Duft

Muss doch wieder kommen

Wenn man es loslässt

Da, weil nur allein

Mit mir und meinem Glas

Kann es nicht sein, dass ich bin Schwein

Dich zu verlieren war ein Fehler

Der Fehler des Lebens

Kann nicht mehr gewinnen

Denn ich bin allein mit mir und meinem Drink.

29.

Die ganze Nacht gekokst
Ist doch irgendwann ein Trost
Kann nicht glauben
Der Morgen und sein grauen
Kommt gekrochen
In den Schädel und wird sich mehren
Bin alleine und kann sehen
Wird nicht immer so bleiben
Somit alles meiden
Was mich frisst
Ist doch nur das Gift
Wenn es rinnt
Die Kehle hinunter
Bin ich munter.

30.

Wenn ich bin, allein
Ist nichts mehr mein
Somit bin ich verloren
Von den Dingen im Kopf
Kann nicht mehr glauben
Das ist mein Leben

Brauche Ruhe
Oder
Doch die Höhen
Ist alles vergraben
Bleibt allein
Bis die Würmer kommen
Und sie fressen
Nichts bleibt übrig
Nur das kleine ich
Wie sehr ich dich vermiss

31.

Der Frust sitz ich den Knochen
Und ich bin am Kochen
Voller Wut und Verzweiflung
Kann ich nicht mehr bleiben
An dem Ort wo ich bin
Werdet mich finden
In vergessenen Ländern
Wo alles ist; besser
Und die Träume bleiben gesund
Nicht mehr gebunden
Alles frei
Vom Sein und Schein

32.

Weiß nicht wo ich bin
Vielleicht oben oder doch
Unten kann es sein
Ich will mich verlieren
Im Licht
Wenn sich alles bewegt
Und dreht
Alles betäubt
Bin ein Kind ohne Träume
Verlorene Zeit kommt nicht wieder
Muss schreiben bis alles Sinn ergibt
Und mich nichts mehr besiegt.

33.

Höre die Platte auf und ab
Die du mir schenkt hast
Vermisse dich dabei – sehr
Werde müde – vom Leben
Ohne dich – kein Sinn finden
Schau dabei alte Bilder von dir an
Und trinke
Einmal nicht mehr
Um so trauriger bin ich dabei – wenn nicht
betäubt
Kann es sein, dass du bist, nicht
In meinem Leben
Alles verloren
Kann keinem mehr trauen
Vor allem mir selbst nicht
Mit dem Messer in der Hand
Kurzer Schnitte – alles vorbei.

34.

Ich bin im ewigen Kampf
Gegen die Dämonen
In mir sind sie alle
Am fressen
Und trinken
Rauchen und schniefen
Bin eine Ein Mann Armee
Gegen sie alle
Allein im ewigen Kampf
Gegen die Dämonen
Wenn sie mir zu viel werden
Schlafe ich oder tanze ich
Bis sie wieder Ruhe geben
Doch lange dauert es nie
Denn es ist der ewige Kampf
Allein als Ein Mann Armee.

35.

Ich kann mich nicht entscheiden

Was soll ich machen

Wenn nichts Sinn ergibt

Und der Whisky nicht schmeckt

Die Zigarette nur Gift ist

Und alles mich verlassen hat

Kann ich nicht mehr denken

Nicht fühlen

Nicht leben

Muss verschwinden

Ins Dunkle

Ewiges Grab

Alles verloren

Bleibt nichts mehr übrig

Und ich bin endlich weg

Von den Dingen die mich zerstören

Das Leben

Die Liebe

Der Alltag

Nichts mehr da
Ich bin schon lange weg

36.

Wenn die Leere mich überkommt
Ist es so als wäre nichts – da.
Ich bin allein in meinem Zimmer und
Kotze mich am PC aus.
Sie frisst mich auf
Nur Musik macht noch Spaß
Ah ja, vielleicht auch das Schreiben.
Kann sein das ich damit immer allein bleibe.
Habe keinen Mut zur Beziehung.
So oft verletzt.
So oft allein – mit Gedanken die mich quälen
Die mich zerstören
Kann nur Hass entgegen bringen
Und hoffe er ist stärker als die Leere
Die Leere
In mir.

37.

Isolation – Mut zur Kommunikation
Fehlt mir. Denn ich bin auf einer Insel
Mitten in der See – Wellen die mich tragen
Rauf und runter.
Kann nicht glauben dass ich bin unter den
Menschen
Bin mittendrinn – und doch alleine.
Isolation kommt gekrochen und ich fühle;
Fühle mich traurig
Kann es nicht abschalten, so langsam bin ich
am Verzweifeln.
Die Sachen die so Spaß machen – sind zu
wenig um mich
Zuhalten, fehlt mir der Gedanke.
Der Gedanke der mich durchhalten lässt.
Ist alles längst verloren, die eine Liebe, die ich
zerstörte
Die schönen Gespräche fehlen mir
Nur eine SMS entfernt und viel zu viel

Ist dazwischen - ein Meer aus Salz und Wasser

Fischen und Pflanzen

Die mich allemal fressen könntcn.

Werde nicht mehr lange sein

So bleib ich hier – als ewiger

Schreiberling

Meiner, eigene Geschichte.

38.

Zigaretten, Pornos und Wein

Mehr hat die Nacht nicht zu geben

Bin verloren in dem ewigen Rausch

Dopamin und Adrenalin

Alles im Kopf und Lunge

Leber und Magen

Alles verloren in dieser einen Nacht

Bin gestorben – dreimal hintereinander

Kann mich gut daran erinnern

Nie wieder solch eine Angst

Bin jetzt gut vorbereitet wenn es wirklich wird

Herz zerbricht nur nicht wegen Zigaretten

Lust wegen Pornos und

Wille wegen Wein

Glück ist was ich suche und nie finde

Doch in dieser einen Nacht voller Angst

Hab ich etwas gefunden

Der Tod kann mich Mal gerne habe

Denn auch ich habe ihn gern

Werde kämpfen für Glück

Wenn ich es endlich habe

Kann ich zufrieden die Augen schließen

Und die dunkle Nacht

Umarmt mich

Fest

Werde ich sie küsse.

39.

Sinnlosigkeit am Tag und

Feste in der Nacht – nicht nüchtern

Kann nicht glauben wie weit es gekommen ist

Suche Ruhe und Leere im Ganzen

Seele unruhig und auf - manchmal ab

Lösung liegt im anderen

In den Augen des Ewigen

Katzen heulen und fressen

Die Schaben kommen über einen

Und es bleibt nichts außer ein Aschenbecher

übrig

Der überschäumt vom Tod

Die Lunge schwarz und die Finger gelb

Kann nicht mehr suchen die Eine

Die Eine im Wald kann ich nicht finden

Denn sie ist ganz wo anders

Nämlich in den Sternen

Ich leider zwischen Bäumen und sehe

Den Himmel nicht mehr

Mich selbst nicht mehr

Alles verloren im schwarzen Rauche

Bis die Augen sind rot und verquollen

Die haut blass und blau

Bin ich Tod

Von innen

Nach außen.

40.

Die Energie im Körper

Durchströmt mich wie Strom

Die Haare stehen mir zu Berge

Den Berg den ich nicht mehr schaffe

Zu überqueren

Tiefer Fall danach und

Die Einsamkeit bleibt der einzige Freund

In den Nächten wo ich dich vermisse

Deine Wärme

Bin selbst schon lange kalt und kann nicht

Sehen – was übriggeblieben ist

Von uns beiden

Denn es ist der Wein, der mich betäubt und

Mir Antrieb gibt

Doch Antrieb nur für das Böse

Die schlimmen Gedanken in einem

Bleiben und kriechen mir ins Mark

Der Strom des Hasses der mich belebt

Und die Höhe die mich aufnimmt

Bevor ich falle

Und zerbreche auf dem Boden

Aus Beton.

41.

Wenn schon im Traum nichts Gutes mehr
wartet
An was soll man denn noch glauben
An Erlösung, den Frieden in der Nacht
Ich wache voller schweiß am Rücken auf
Dabei habe ich gar nicht getrunken letzte
Nacht
Es sind nur die Gedanken eines Wahnsinnigen
Einem der glaubt es könnte mal anders
werden
Einem der an Freundschaft und die Liebe
glaubt
Wie ein Kind im Wind und Sonnenschein
Ist es doch nicht

42.

Wo seid ihr alle – weg
Ich bin auch nicht mehr da
Schon lange allein mit mir
Und den Flaschen um mich herum
Aschenbecher voll und Zigaretten – weg
Kann es nicht mehr sehen, dass ich alles
zerstöre
Alles Gute um mich herum – weg
Wenn es noch weiter geht, werde ich – weg
Gehen und schlafen.
Die Träume, in denen ich fliege, sind doch nur
schein
Bin tief gefallen und doch wieder aufgestanden
Wer hätte das geglaubt
Könnte auch für immer träumen
Im Glitzernden sein meiner eigenen Gedanken
Doch alles nicht wahr und weiter allein – weg
Bist du wirklich schon weg und ich doch nur
ich

Kann es nicht verstehen und muss daran
glauben
Dass auch ich bin, irgendwann glücklich und
nicht nur
Weg.

43.

Ich habe dich betrogen und habe
Doch keine Ahnung wie ich das organisierte
Abends bei dir untertags bei einer anderen
Habe wahrscheinlich erzählt das ich bin auf
der Uni
Hätte ich mal lieber machen sollen
Lernen und nicht betrügen
Ficken zweier Frauen, wenn auch getrennt
Ist doch der Traum vieler Männer
Wie weit ist es gekommen
Bin doch nur ein Prolet.
Komisch, jetzt sitz ich allein da und
Frage mich warum niemand da ist
War ich zu irre für die meisten
Keiner wollte mehr bei mir bleiben
Keine Frau und keine Freunde
Die Klinik hat viel zerstört oder war ich es,
Die Drogen, der wenige schlafe
Die Familien Geschichte

Die innere Leere oder doch das
Betrügen zweier echt toller
Frauen.

44.

Warum ist meine Seele noch bei dir
Auch meine Lust, meine Gedanken
Mein Herz und mein Schwanz
Ewigkeit des getrennt seins
Ist doch gekommen
Ohne es zu ahnen und wenn
Es ist vorbei, kann ich wieder leben
Trinken und lachen
Nicht im dunklen der Nacht sitzen
Und weinen.

45.

Klassische Musik in den Ohren

Kokain am Tisch

Wünsch ich mir doch viel mehr als dich

Heroin wäre besser

Nimmt mir die Sorgen

Und gibt mir Ruhe

Ewig versinken

Ganz allein mit Bach

Ist doch alles schon längst gemacht

Die Dinge die ich tun sollte und

Die Dinge dich ich tuen will

Bin mitten drinnen

Im Strom des Lebens

Wenn es mich wieder

Hinreißt von oben

Nach unten.

46.

Zuwenig Schlaf oder zu viel

Gibt es keine Mitte für mich

Immer in extremen

Betäubt von den Stimmen in mir

Der Schrei – laut und kalt

Kommt die Angst und knabbert an mir

Mitten am Tag oder in der Nacht

Ist doch egal, denn entkommen kann ich dem

nicht

Meine eigenen Dämonen

Sind groß und haben Flügel

Wie Engel oder Tauben

Bringen aber kein Glück

Nur das Grauen

47.

Warum hast du mich allein gelassen

Hast mich früh verlassen

Warst manchmal da, doch meistens weg

Nie viel geredet

Nie viel unternommen

Vermissen tu ich dich sehr

Wenn du stirbst, bleibt dieser Platz neben mir

Doch nur, leider in mir

Warst nie da.

Werde dein Grab ausheben

Und dich beerdigen.

Doch bis dahin kannst du dich melden

Zurück kommen zu mir

Etwas unternehmen

Oder einfach nur reden

Bin da und warte

Auf dich – nur ich.

48.

Wenn die Sonne scheint und
Der kritische Blick meines Lebens
Vorbei ist
Kann auch ich Lachen im Garten
Die Blumen genießen und in der Wiese liegen
Die Wolken bewegen sich auch ohne Pilze
Die ganze Welt sagt mir
Ich bin dein
Werde nicht mehr gehen und immer auf dich
achten
So dass die schlimmen Zeiten
Nicht mehr kommen
Und ich mich spüre, wie den Boden unter mir
Nichts mehr aus Gier
Alles aus Liebe und
Licht.

49.

Alte Verbindung ist wieder da

Kann alles sehen und spüren

Die Luft in den Lungenflügel trägt mich

Hoch und weit weg

Zu unbekannten Inseln

Längst vergessen

Neu zu entdecken, gilt es

Das Licht, dass in einem leuchtet bis zum

Ende

Auch wenn du mal down bist

Es ist da und erlischt nie

Wie konnte ich es vergessen, ist es doch

So wunderschön und einzigartig

Wenn es wieder geht, werde ich mich an die

Bilder erinnern

Und lachen – das war einmal ich

Verbindung zu den Menschen nie ganz gelöst

Und mich selbst nie vergessen

Eben dieses Licht in dir

Und mir.

50.

Bald werden wir sterben

Der Tag wird kommen

Viel zu früh

Unerwartet ist alles vorbei

Was bleibt ist ein Glas Whisky im Dunklen

Der Nacht vergessen

Und immer diese Trauer

Dieses Flehen, dass alles hatte Sinn

Nichts ist mehr zu gewinnen

Alles in Scherben

Doch das Leben voll gekostet

Bald ist alles vorbei

Und so wird mein Herz brechen

Brechen mit euch und der Welt

Die nichts hatte zu bieten außer diese

Substanzen

Die mich friedlich schlafen lassen

Und wenn es wirklich so weit ist

Kann ich sagen ich habe alles versucht

Das glück zu finden

Und kann nichts haben

Außer dem Schnee in den kalten Nächten

Meines Hirn

Wenn die Gefühle erfrieren und mein Herz

Ein letztes Mal schlägt

Wer ist da?

51.

Was ist los mit dir

Warum kann ich nicht bei dir sein

Bin doch eh schon immer allein

Will dich gar nicht

Doch irgendwie schon

Ist paradox

Dieses Ding in meinem Herzen

Das mich zieht zu dir

Allein sein ist so leicht

Zu zweit sein kann nicht gemeint sein

Wenn du kommst, geh ich weg

Wenn ich gehe, bist du immer bei mir

Die Nächte in denen ich trinke und dich

vermisse

Sind schon längst voll vergessen

Die Schlangen die mich umklammern

Die Steine die auf mich rollen

Die Raben die mich fressen

Alles vergessen

Doch du bleibst

Wie der schlaf der immer wieder kommt

Egal wie viel koks ich nehme

Irgendwann kommt er

Kommst du

In mein Gehirn

Und ich kann nichts anderes als

Weinen

Voll das Glas mit Wein

Die Wahrheit

Kann´s nicht geben

Die Vergangenheit vergessen

Die Zukunft dunkel und grau

In der Gegenwart scheint manchmal die Sonne

Doch die Wolken kommen bestimmt

Bis auch ich bin wieder

Im tiefen Schlaf

Und träume von dir und mir

In eine Welt die sich versteckt

Vor den meisten

Illusion im Auge

alles verdammter Hirnfick

Gott den es nie gegeben

ist es doch egal

so werde ich zum Teufel und suche dich auf

so dass die Welt schreit vor Schmerzen

wie in meinem Kopf

allein.

52.

Wenn mir als wieder einmal sinnlos erscheint

Höre ich Musik

Die Wellen tragen mich

Mal rauf - mal runter

Doch nie bleibt etwas stehen

Alles dreht sich und bewegt sich

Immer am laufen

Nie ankommen

Bis man umfällt und alles vorbei ist

Wo der Sinn liegt, frag ich mich

Kann ihn nicht sehen

Doch spüren

Das Leben spüre und immer weiter machen

Bis die Gefühle vergehen und nichts mehr

bleibt als eine Hülle

Der Rest geschliffen und bereit zu wandern in

eine andere Welt

Dort ruhe finden ist Ziel und Zweck des

Irdischen

Die Musik bleibt dabei ewig

53.

Wenn ich wieder einmal nicht schlafen kann

Ja, was dann?

Whisky hilft nicht. Schon so viel getrunken

Wichsen hilft nicht. Bekomm keinen mehr
hoch

Die Tabletten machen auch nicht müde

Was also bleibt in so einer Nacht?

Morgen Arbeit, ja, das kann was werden.

Heute alles verloren und doch wieder gefunden
in der Nacht

In der Nacht in der ich wieder einmal keinen
Schlaf fand.

54.

Körper ein Gefängnis meiner selbst

Werde zerstören und toben

Bis nichts mehr übrig bleibt

Außer kaputten Zähnen

Schwarz von Eiter umgeben

Schmerzen von oben bis unten

Selbst dann habe ich gewonnen

Denn ich war immer nur ich

Nichts anderes

Keiner wie ich

Alles für die Ewigkeit geschaffen

Nur für den Moment gelebt

Den perfekten Gedanken

Die schönen Momente

Mit Frauen, Familie und Freunden

Dann werde auch ich Ruhe finden

Mit Schmerz oder ohne

Ist dabei egal

Das ist wie alles andere auch

55.

Der riesige Blick auf mich selbst

Was scheißt mir die ganze Welt

Die Gaben sind verhasst

Die Wellen gefallen

Bin am versinken

Kann nicht arbeiten, nicht schreiben

Nicht tinken, nicht kiffen

Bleibt nichts außer diese Augen

Die riesigen von dir und mir

In der einen Nacht

Wo alles möglich schien

Doch alles verborgen

Von Rauchschwaden

Kann es kaum haben

Dieses Glück

Was inne wohnt

Derselbe Mist

Wie die Welt

Ist doch alles gestellt.

56.

Betrunken gefällt mir alles

Wenn die Nacht kommt

Und ich nüchtern werde

Schütt ich nach

Immer auf der Welle

Nichts mehr zu Gewinnen

Alles kann kommen

Nichts kann mich retten

Ich bin verloren

In dem dunkeln der Seele

Alles hasse ich

Die Wut in mir

Ist übermenschlich

Zu groß für einen

Deswegen teile ich sie auf Papier

Wenn der Schmerz wieder kommt

Kotze ich ins Klo

Und alles ist

Vergessen, wenn ich nachschütte.

57.

Klein wie immer

Nichts ändert sich in diesem Leben

Wann werden die schönen Momente kommen

Alles nichts – außer Schein

Alte Erfahrungen - kommen nicht mehr neu

Alles dasselbe

Immer gleich

Agonie Tag ein Tag aus

Wenn die Stimmen reden

Ist alles wie im Traum

Und ich kann wieder glauben

Das Leben ist echt

Und nicht nur erdacht

Ganz egal – bleibt alles gleich.

58.

Den Stoff im Körper

Die Sorgen in den Gedanken

Bin alleine in der Nacht

Nur blaues Licht vom Bildschirm

Er beobachtet mich. Vielleicht.

Ich hole alles heraus und zeig es ihm

Glückswellen überkommen mich

Danach wieder Sorgen

Kann ich mir Glück borgen

Oder muss ich es erschaffen

Kann nichts machen

Alles kaputt

In mir und um mich herum

Blut auf der Hand

Hab sie gegen die Wand geknallt.

Bis zum Ende kann es noch dauern

Muss mir die Zeit vertreiben und lachen

Weiter wichsen und trinken

Bis die paranoiden Gedanken verschwinden

Ist doch überall ein Schirm, der dich sieht

Ein Handy das dich hört

Ein Mensch ist gestört.

59.

Schlachtfeld voller Blut

Körper liegen herum

Ich mit dem Morgenstern in der Hand

Schlage den letzten Schädel ein

Jetzt ist keiner mehr da

Töten tötet dich

Kein Mensch mehr der bleibt

Ein Monster

Voller dunkler Gedanken

Ich bleibe allein

Voller Blut verschmiert

Im Mondschein ganz schwarz

Das bin ich, ein schwarzer Schatten

Mit Feuer in den Augen

Fresse ich mich satt an den Körpern

Trinke die Säfte des Lebens

Fresse auch Herzen

Bis es auch wieder in mir schlägt

Alles was bleibt

Ist nichts

60.

Zu viele Interessen

So viel was ich machen will

Nichts kann ich verwirklichen

Keine Zeit

Keine Zeit

Alles verschwendet mit Denken

Saufen und Rauchen

Alles verloren in der Nacht

In der Nacht wo ich nichts mache

Morgen werde ich beginnen zu leben

Richtig leben

Nicht nur wie ein Zombie herumlaufen

Tag ein Tag aus - in die Arbeit

Mit Freunden treffen und eben

Rauchen und saufen

Lernen

Lernen fürs Leben

Will mehr machen als was mir bestimmt ist

Mich verwirklichen

Mit den Sachen die mir Freude machen

Kannst du das??

Wer sagt das??

Ich bin doch hier und ich sage das eben

Eben hier und wieder weg mit einem Bier

Einer Zigarette in der Hand und Gedanken

verloren

Kann es kommen das ich morgen liege kalt da

Nicht mehr bin und nichts bleibt

Außer Träume von einem Leben

Was hätte sein können

Keine Zeit.

61.

Immer träumen von euch

Wie sehr vermisse ich euch

Kann nicht glauben das es euch gab

Jetzt allein im Zimmer

Wie immer

Schlafen das Ziel

Lange schlafen

Für immer

Wie sehr ich das vermisse

Auch wenn ich es nicht kenne

Weiß ich das es das gibt

Werde irgendwann doch noch vergessen

Mit Alkohol oder Heroin

Liegt bei mir

Schreiben hilft

Musikhören hilft

Tanzen hilft

Ficken hilft

Doch dann wieder eine Neue

Die ich vermisse

Ist doch alles Mist

Wie sehr mach ich mich zum Clown

Kann nicht mehr lachen und scherzen

Irgendwann brennen die Kerzen

Über mir und für mich

Der Schlaf den ich lange hab vermisst

Darauf, dass auch ihr mich vermisst

62.

Wieder nichts geschafft

Hab doch so viel gemacht

So wie immer

Die Uhren zeigen Null Null

Wie das Glas neben mir

Und ich

Null und nichts

Hab ich mich verpisst

Und träume einen Traum

Wenn es so ist

Ist das vielleicht die beste Version

Hat schon wer gesagt

Nichts neues hier

Gar nichts hier

Nur ich allein mit mir und meiner Katze

Mit der Musik und der Tastatur

Kann nichts glauben das alles gut wird

Denn die beste Version der Welt ist mir nicht

gut genug

63.

Regen so beschaulich, dass ich

Alles kann vergessen

Die Haut kalt und blau-schwarz der Himmel

Bleibt nichts außer ein Bedauern

Bis ich wieder im Hause sitze und trinke

Die Wärme von innen

Bis mir der Magen schlecht wird

Ich zum Klo renne und kotze

Denn auch hier drinnen ist es

Immer am regnen.

64.

Wie kaputt muss ich noch werden

Bis du mir hilfst

Wahrscheinlich nie

Dann bin ich halt auf mich gestellt

Und das kann auch gut sein

Kenn mich selbst am besten

Meine Schwächen und Stärken

Sollte halt öfter an die Stärken denken

Alles andere macht mich kaputt

So wunderbar kann alles sein

Wenn ich nur denken wir waren mal wir

Jetzt jeder für sich

Auch gut

Wir haben es uns verdient

Keiner muss den anderen mehr kaputt

machen

Jeder schlägt auf sich selbst ein

Du mit Angst und ich mit auf und ab

Das war schon ziemlich knapp mit uns

Fast für immer

Doch jetzt alles anders

Dabei kann es bleiben

Wir sehen uns ein anderes Mal wieder

Im Licht einer Bar zu viert

Du mit Mann und ich mit einer Frau

Dann ist alles vergessen und wir können

weiterwandern

65.

Mitternacht längst vorbei

Die Sonne kommt bald wieder

Wie sehr ich mich danach sehne

Bei dir zu sein, meine kleine Flasche

Schmeckst so gut und gibst mir Kraft

Das zu schaffen wozu mir der Mut fehlt

Schreiben und rauchen

Trinken und Musik hören

Was braucht es mehr

Keine anderen Drogen

Nur die Flüssigkeit in meinem Magen

Ist alles voll

Bin ich glücklich und kann wieder lachen

66.

Tiefschwarz die Nacht

So auch alles in mir

Mein Herz nicht mehr da

Alles aufgefressen und nur Stücke bleiben

zurück

Das Blut schwarz und klebrig

Alles verloren

Mein Verstand, mein kleines Herz

Tiefschwarz die Nacht

Die Leber kaputt

So auch die Lunge

Tiefschwarz

Die Gedanken - tiefschwarz

Alles verloren

Kann nichts mehr geben

Bin am Boden und noch weiter unten

Kann nicht mehr aufstehen und habe die

Waffe in der Hand

Braunes zeug in der Spritze

Gürtel am Arm

Glück nur für einen Moment

Alles verloren

Nichts mehr da

Alles was bleibt ist die schwärze der Nacht

und ein weißer lebloser Leib

In der Nacht

Diese eine Nacht in der ich alles verlor

Mein Herz, meinen Verstand

Und meine Liebe

Die Verbindung zur Welt

Ja, tiefschwarz ist die Nacht

67.

Tanzen und lachen

Bleibt übrig von der letzten Nacht

Der Geschmack der Asche im Mund

Der Speichel der anderen Frau

Habe dich wieder einmal betrogen?

Warum weiß ich nicht

Ist mein Herz doch bei dir

Aber ob es genug ist, weiß ich nicht

Kann nicht glauben das Glück wärt ewig

Bin auf der Suche nach höhen und tiefen

In mir und um mich

Wann finde ich die Eine

Die Eine die mir reicht

Herumhuren macht nicht mehr glücklich

Auch nicht die ganzen Drogen

Nur diese auf und ab

Bleibt bei mir

Die Gespräche mit dir

Vielleicht auch

Vielleicht reicht das.

68.

Alles in mir
Jetzt ist alles in mir
Ich habe nichts mehr zu Hause
Der Misch-Konsum
Ich bin in anderen Dimensionen
Doch könnte das keine verstehen
Denn es ist meine Welt
Nur meine Welt
Traurig den es regnet viel
Alles für mich
Und doch nichts was mich hält
In dieser Welt
Könnte morgen schon vorbei sein
Will nur den Schmerz vergessen
Vielleicht doch noch etwas genießen
Aus Schmerz wächst großes
Großes Leid
Vielleicht ein großes Wort
Bin allein und nicht frei

Gefangen in meinem Körper

Muss in abschälen und neu entstehen

Alles abwerfen was alt ist

Die alten Gewohnheiten

So lange gefrönt

Bis sie mich in den Selbst-Mord treiben

Wie sehr sehe ich dieser Zukunft entgegen

Bis alles egal und vorbei ist

Mich mal alle können

Die ganzen Frauen und meine Freunde, meine
Familie

All diese guten Ratschläge

Gefickt und für nichts

Der Einzige der bleibt ist mein Bruder

Den ich wirklich liebe

Alle anderen können mich mal

Er ist der Einzige der immer spaß im Gesicht
hat

Er ist der beste von uns allen.

Macht im zum König, zum Kaiser, zum Führer
eures Lebens

Er weiß wie es geht

Ich bin da schon lange weg den ich spiele mit

dem schmutzigen

Spritzbesteck.

69.

Jetzt sollte ich wohl über Sex reden

Doch das ist lange her. Kann mir das alles

nichts mehr geben

Nur die Flüssigkeit in meinem Magen. Die

Wärme in meinem Kopf

Beruhig mich. Bin nie ganz aus der Anstalt

heraus gekommen

Bleibe immer drinnen; zumidesten ein Teil von

mir

Die Sucht; die Manische-Depression

Diese ganze Selbstzerstörung ist doch noch

Ausdruck meiner Wut auf auch

Hab ihr sie verdient

Manchmal weiß ich das nicht mehr so.

Besonderes wenn ich mir alle meine Sachen

reine haue, die ich noch aus alten Zeiten bei

mir versteckt habe. Dann bin ich anderen

Dimensionen und kann auch von weit oben

sehen und sehe nur Scheiße. Und so spucke

ich herab, um zu hoffen auch zu treffen damit
irgendeine Verbindung entsteht.

Will aufgehen in Licht und mich zu tode
tanzen bis nur noch ich lache

Wer das nicht will kann es auch lassen und
sich verpissen

Keiner muss mir zu schauen, wie ich mich
selbst hinrichte.

Das gehört nur mir

Die Konsequenzen längst vergessen jetzt zählt
nur die Party in meinem Kopf.

Die Seele leuchtet und das Herz lacht

Betrunken und unter Drogen. Ich will weiter
machen, bis es mich umhaut und ich ewig
schlafe

Kann das irgendjemand verstehen

Hab ihr mich wirklich gekannt

Ich glaube nicht

Macht es einfacher für euch

Das ewige Rätsel

Wie schlecht das klingt

Ist mir egal, denn noch eine Nase und noch ein
Drink gibt mir Kraft
Kraft den scheiß um mich herum zu bezwingen
und die Ewigkeit meiner Geburt zu
überstehen. Ich bin allein in meinem Zimmer
und keiner da der an mich denkt. Alle verlogen
und Gut-Wetter Freunde.

70,

Kleine Stücke bleibe übrig
nicht mehr viel da
alles gefressen von Wolfen und Füchsen
zerreißen die inneren Leiber
bis die Seele sich erhebt und alles von neu
beginnt
ist das nicht die Tragödie des Lebens.... Nie
ankommen
alles verschlingen und weiter ficken die eine
den anderen
ich selbst nur mich.. kenn mich doch am
besten
Weiß was ich brauch. Sex Drugs und Musik...
wenn auch dass nichts mehr glücklich macht
sitze ich beim Therapeuten und sage ihm alles
ist gut. Ja alles gut und so soll es auch sein.
Gut. An besser ist gar nicht zu denken.
Das zerstört wieder nur den ewigen Schein des
gut Seins.

Will was wahres was beständiges

In den Drogen gefunden - mehr hat die Welt

nicht zu bieten

So bleibe ich allein und berausche mich.......

Allein mit euren Bildern in meinen PC.

Vielleicht weine ich dabei; vielleicht lache ich

dabei,

doch immer tiefschwarz meine Seele in den

Gedanken.

Weiß nicht wie lange ich noch kann

Denn die Drogen gehen irgendwann aus und

auch die Lust verschwindet

Dann bleibt nur ein kleines Kind, dass sie

nicht verstanden gefühlt hat.

71.

Wenn ich euch zerstöre

Kann nichts mehr glauben

Alles hin; und wieder erbaut

Dann wieder alles zerstört

Das ewige spiel

Auf und ab

Hin und her

Bis sich alles dreht und ich sinke

Zu Boden, auf den Grund des Wasser

Will euch töten und essen

Ist doch was ich esse was ich bin

Mensch sein hat keinen Sinn

Alles verloren

In der dunklen Nacht der Gaben

Wenn ich wieder geboren werden

Auf und ab

Im Schein des Mondes und doch versunken

bin

Im Grab

Ich schmecke Blut und kann nicht glauben

Alles ist verlogen

Die kleinen Dinge sind es die sich

Verborgen haben vor mir

Blut, schwärze und der Tod

Alles kann es geben in einem Traum

Der nicht länger hält bestand

Ist doch des Menschenleib

Ein Sold

72.

Mein Herz hängt bei dir

Doch wenn du redest, versteh ich dich nicht

Alles Träume die unbeachtet bleiben sollten

Bist nicht am Boden der Sachen

Unrealistische Ziele

Und immer nur am machen

Der falschen Sachen

Alles illegal und nichts für Bestand

Alles verspielt und noch mehr

Kommst nicht davon weg

Wie sehr das mein Herz trifft

Wenn ich dich so sehe

Wünsch dir nur das Glück

Auch wenn für die meisten Menschen schwer

zu begreifen

Glück liegt im Moment und nicht auf der Bank

Kannst dir alles kaufen und nie das was du

brauchst

Opium fürs Volk, Opium für die Familie

Will dich so nicht mehr sehen

Hoffe du findest den richtigen Moment

Das richtige Glück mit mir

Deinem Bruder

Den mein Herz und mein Kopf sind immer bei
dir

Egal wie sehr alles im Minus liegt

Egal wie sehr alles

Verspielt.

73.

Wenn er über mich kommt

Und ich erstarr

Vor Angst und

Lust; kann ich nicht glauben

Alles ist wie es war

Wird immer so sein und nichts ändert sich

Doch die Lust ist ein starkes Tier

Ein Pferd das dich antreibt und schnell gleiten

lässt

Über Hügel und durch Steppen

Wenn die Angst wieder kommt und ich erneut

erstarr

Denk ich an den Wald wo ich lebe

Im Dunkeln; versteckt von der Sonne

Im Mondschein tanzend

Und durch Substanzen benommen

74.

Schön ist die Welt

Alles mit Drogen und Geld

Wenn ich an sie denk

Muss weiter feiern

Kann nicht brennen

Doch die Tiefen und Höhen werden weiter sein

Kann nicht sein, dass alles ist, bedeckt

Von Asche und Trümmern

So ist es und wird es immer sein

Das Gedeck ist bestimmt

Für den Gast neben mir und dir

Der Tod und seine Sense

Mit Knochen-Kopf und hohlen Augen

Wenn es wieder

Geht Berg ab

Denk ich an alles mit Drogen und Geld

Denn die Welt ist schön

Und wird ewig so sein

Bis die Dunkelheit kommt

Und mich mitnimmt wie einen alten Freund

Schön betrunken

Nicht mit Mcsscr in dcr Hand und an dcr

Kehle

Sondern mit Musik in den Ohren und Zigarette

in der Hand

Feiern, ja dazu bin ich bestimmt.

75.

Mit dir kann alles sein,

ein fest oder eine Beerdigung

alles Perfekt

denn du bist was mich nicht verlässt

so kann ich sein wie ich bin und erkennen

es ist gut, wie es ist

auch ohne stimmen im Kopf

die mir sagen

lass dich begraben

Tod ist schön und kann kommen

doch bist du dabei

wird alles klein

nur ich bin wieder da

mit einer Zigarette und kurzem Haar

die Stiefel an und die schwarze Jeans

passt zu meiner schwarzen Seele und Lunge

doch die Gedanken hell erleuchtet

nichts das mich in die Tiefe zieht

nur wenn ich sehe dir geht's manchmal wie
mir
aber sind wir zusammen glaub auch ich
du kannst dem allen entkommen.

76.

Die Lieder meiner Kindheit kommen

Mir in den Sinn und ich muss denken

Dass alles ist, wie es immer war

Sich doch nichts ändert

Und ja, das ist beständig

Die Freude, die Trauer

Um die vergangenen Dinge

Wird sich alles irgendwann festigen

In meinen Gedanken und wir immer bleiben

Bis das der Tod uns scheidet.

77.

In meinen Gedanken da sind Schubladen

Begraben unter Knochen und Wut

Blut und Beinen

Armen und Köpfen

Alles kaputt

Zerstückelt wie

Das was drinnen ist in der Schublade

Alleine schon lange begraben

Die Antwort wartet doch sehe ich nur schwarz

Kein Licht keine Erlösung

Alles in meinem Inneren schwarz und klebrig

Wie Teer und Lungenkrebs

Sterben muss man irgendwann

Doch ohne Antwort gehe ich hier nicht weg

Also schiebe ich alles beiseite und bin, wie ich
bin

Laut und drauf, lächerlich und bescheuert

Kann sein, dass ich auf dich lauer

Nur um zu erfahren

Wie schmecken deine Knochen
Was versteckst du
Unter Beinen und Blut
In deinen Schubladen
Voller Wut.

78.

Zerstören ist mein Wunsch

Alles fressen und nichts verdauen

Kann doch sowieso nichts von Dauer sein

Also töten und klauen

Die Herzen der Damen

Bis ich bin erfühlt von all dem Schmerz

Den ich erzeuge und leugne

Darum trink ich

Trink ich allein

Damit ich dich nicht verletzte und nichts sehe

Wie geht es dir damit mich so zu sehen

Du solltest jetzt lieber gehen.

79.

Wenn ich mit euch Teile

nährt es auch mich

dabei aber immer Mauern bauen

aus Angst

Angst vor Nähe

Angst vor dem Körper mir gegenüber

dem ich - das andere ich

kann nicht sehen wie es mich fett und

glänzend macht

wie eine Sau lieg ich nur im Schlamm

und sehe nie die Sonne

außer wenn ich Teile und offen halten die Tore

nicht baue Stein um Stein

um mich herum.

80.

Wann ist die Jungend vorbei

Wann kam die traurige Zeit

Erwachsen sein im Wachsein

Der Traum lange weg

Schöne Zeiten lange weg

Nur noch Hass und tiefe Trauer

Kann nicht weinen denn alles

Ist tot in mir und verrottet

Zu meinem Füssen liegt mein Herz

Und meine Lunge

Mein Hirn in der Anstalt gelassen

Nur Hass und Trauer

Kann sein, dass es ist, bescheuert

Wenn ich dich fresse

Hier und in meiner Küche

Dich koche und salze

Dich serviere und mir reinen Wein einschenke

Schmeckt das Leben auch nicht besser

Aber zu mindestens ist der Hass genährt

Jetzt bleibt nur noch die tiefe Trauer

Die schwarz und blau mich umgibt

Somit schau auch ich, dass ich blau bleibe

Immer am trinken

Den die Jugend ist noch nicht vorbei

Solange ich die Zeiten lebe

81.

Das schöne liegt in der Einfachheit
Das was keine Probleme macht ist schön
Es verlangt keine Aufmerksamkeit
Und bedrängt dich nicht
Es ist was es ist und bleibt dabei
Immer schön.

82.

Wieder einmal goldige Flüssigkeit im Körper

Scheint so im Sonnenlicht und funkelt

Dabei wird alles einfach und leicht

Die Gedanken vorher noch düster und schwer

Jetzt alles vergessen

Wie viel kann ich noch vergessen

Mich selbst, die anderen

Bis nur noch ein Punkt bleibt

Dunkel oder hell

Wird sich zeigen

Alles kann sein - nichts muss

Doch diese eine liebe hilft mir

Denn es ist mein Bruder

Und die schönsten Zeiten hatte ich mit ihm

Denn keiner ist wie er und wird es auch nie

sein.

83.

Loslassen und wenn sie dich liebt

Kommt sie auch zurück

So sagt man

Und gerade schreibst du mir

Wie sehr mich das freut

Hab es diesmal nicht einmal geklaut

Also nicht provoziert, dass du mir schreibst

Kam von dir

Ganz allein

Doch wohin das führt, ist die frage

Hab dich lange los gelassen

Und kann nicht glauben, wenn du
zurückkommst

Sei vorsichtig mit deinen Wünschen sagt der
eine

Freu dich wenn's die richtigen sind sagt der
andere

Somit alles egal – denn die Wahrheit

Kann keiner sehen und auch nicht sein.

84.

Ganja ist der Traum den ich träume

Heroin das was ich begehre

Kokain das was ich suche

Sex was ich liebe

Und LSD was ich nicht kann verstehen

Das Leben das was ich hasse

Den Tod den ich suche

Ist nicht weit entfernt

Und der Bruder den ich immer missen werde

Das alles ist mein Leben

Wer kann das glauben

Schreiben das Einzige was ist geblieben

Freunde die mich betrogen haben

Die Krankheit die mich aufsucht

Und die Anstalt in der ich gefangen bin

Bin leider immer noch drinnen

85.

Wenn ich deinen Körper vor mir sehen

Kann ich nicht glauben das du bist echt

Echt am Leben und ich neben dir

Muss uns zerstören

Fressen und kochen

Zerstückeln und vergraben

Der Rest von uns ist in meinen Erinnerungen

Nicht weit entfernt und doch lange vergessen

So, dass das Blut schon längst ist geronnen an

meinem Hals

An deiner Brust, an deinem Bauch

Deine Beine liegen neben dir und deine Arme

Um mich herum – ist dein Körper

Alles was ich je wollte und nie konnte ertragen

Deine Liebe und meine Triebe

Alles gefressen und wieder ausgekotzt

So das nichts bleibt außer die Dunkelheit

Und die Augenringe die mich verraten

Wenn ich bin, wieder betrunken und töte

Mich allein und ein kleines bisschen
Von dir.

86.

Du spielst mit Geld
Ich mit meinem Leben
Was ist mehr Wert
Von was wissen wir den Wert
Von den Dingen die wir begehren
Von den Dingen die wir lieben
Ist alles egal, denn die Sachen mit dem Leben
und dem Geld
Sind alle verwachsen und kümmern uns alle
Doch das eine hast du nur einmal
Das andere immer wieder
So spiele nicht mit dem was dir gar nicht
gehört
Die Dinge sind verwachsen
Sucht und Triebe treiben dich zum Spiel
Zum Leben oder Geld
Was ist dir wichtiger
Ich weiß es
Leider

Nicht.

87.

Bald ist alles vorbei
So kann es auch kommen
Ohne Abschied und ohne
Zweifel
Adios und tschüss
Ich schlucke die Patrone
Mein Gehirn auf der Leinwand verteilt
Das letzte Bild was ich schreibe
Und so kann es kommen
Ohne Zweifel und ohne
Angst
Das Leben ist schon erledigt
Nichts mehr zu machen
Der Schlaf kommt allein
Und ich träume
Von der Einen...

88.

Wenn ich weg gehe

Denkt ihr hoffentlich an mich

Denn ich denke an euch

Immer und ewig

Den Bruder den ich liebe

Die Eltern denen ich verzeihe

Den falschen und wahren Freunden

Alle sind in meinem Herzen

Für immer und ewig

So soll es sein

Wenn ich gehe

Denk ich an euch

89.

Wenn es nichts mehr gibt, zum lachen
Höre ich Musik der alten Götter
Die Musik im Ohre ist alt und vertraut
Sie sind aus meiner Jugend und Erwachsen
werden
Neu und alt
Wenn es nichts mehr zum Lachen gibt
Gebt ihr mir Trost und stärke
Trost der sicher nur geborgt ist
Denn ist die Musik weg und der Wein
getrunken
Kommt wieder die grausame Lache
Wenn es nichts mehr gibt zu lachen

90.

Speichel und küsse

Sind zu verdammen

Wenn die Lust wieder kommt und alles ist hin

Kann es sein das ich dich sehe und du mich

Mit Berührungen und viel Haut

Die Arme dich mich greifen

Sind so viele, dass ich bin, am Verzweifeln

Wie soll ich all das begreifen

Sex so verrückt wie - der zerstörte Geist in mir

Alles Triebe und Sucht

Nur zuschütten den leeren Menschen

Bin ich nicht mehr

Kann es sein, dass da nichts bleibt

Als ein Glied das steht

Doch der Geist ist auch dabei und

Zerstört voller Kummer und Wein

Denn die Sachen mit der Liebe ist

Mir ein Graus

So bleibt nichts als ein Schleim

91.

Wann sehe ich das Ende

Kann es sein, dass es noch dauert, 40 Jahre

Oder nehme ich morgen die Klinge

Will nicht mehr sein in diesem allein sein

Niemand da der mich braucht

Niemand da der mich versteht

Alles schon längst verloren

Die guten Sachen im Leben waren die

Jungenjahre

Jetzt im Alter sehe ich alles ist weit weg

Und ich kann nicht glauben, dass es je besser

wird

Wenn ich spät in der Nacht trinke und

Allein bin mit mir und der Musik

Dem schreiben und der Tschick

Sehe ich nur Schatten die mich umhüllen

Voller Angst kann ich nur sagen

Ende kann kommen.

92.

Wenn ich dich zerstückele und sehe

Das Blut tritt aus

Muss ich lecken

Die Lippen des Grauen

Und kann dabei nicht mehr

Außer die Säfte schmecken

Die Beine berühren und die Axt schwingen

Bis du bist dahin

Und ich lebe in Schande

Denn zu töten ist wider der der Natur des

Menschen

Doch wenn es so kommen soll, will auch ich

Scheiden dahin und alles verlieren

Werde immer traurig sein das du bist

Nicht mehr mein

Nur noch Knochen und Überreste von toten

Fleisch

Alles kann so schön und vergessen sein.

93.

Die Liebe ist ein seltsamer Weg

Bin ihn lange gegangen

In der letzten Zeit aber nicht mehr

Kann nicht trauen – mir und dir

Ist doch nur Illusion und Schatten

In mir

Die Sache mit der liebe ist ein seltsames Ding

Wohin sie fällt, liegt nicht in unserer Hand

Und ob sie sich erfüllt auch nicht

So bleibe ich allein und kann sagen

Nichts auf der Welt ist da was ich liebe

Leider nicht mal diese Zeilen

Denn ich sehe nur das Grauen in den Dingen

Den Hass und den Neid

Die Gier und das Blut

Daraus folgt, ich bleibe immer hier

In den Schatten meines schwarzen Herzens.

94.

Kannst du meinen Schmerz tragen

Oder ich deinen – eher nicht

Der Schmerz bleibt uns allein

Und treibt sein Spiel mit uns und unseren

Herzen

Der Seele ist es egal denn die ist unzerstörbar

Doch das Herz kann brechen und ja,

wie oft ist es mir schon gebrochen

kann nicht mehr dran glauben, dass

irgendwann alles wird gut

der Schmerz in meinem Körper bestimmt mein

sein

so werde ich allein sein

mit mir und meiner Flasche

bis ich kann sagen

ich hatte es Mal versucht

und dann entschieden

es ist genug.

95.

In meiner Seele habe ich immer einen
Platz für dich
So kann es auch sein, dass
Ich daneben sitz und mich frage
Wie kamen wir dort hin
du und ich
verflochten zu zwei
so seltsam und verrückt diese Welt
immer da und doch nur ein Schein
vom Schatten
der mich berührt und die Dinge zu mir sagt
die nur ich hören soll
so flüsterst du mir leise zu
und ich höre dich
immer sagen
neben dir da
bin immer ich

96.

Ja ich habe viel falsch gemacht
Doch bekommt man noch eine zweite Chance
Eine zweite Chance für uns
Ist das drin
Ich weiß nicht
Und bin am Warten
Warten beim Trinken
Und schreiben an dich
Können wir uns wieder finden
Können wir wieder – wir sein
Können wir zusammen sein
Für den anderen da sein
Und nicht weinen über die vergangene Zeit
Sondern einfach vergessen
Die Sachen die uns entzweiten
Und weiter machen
Ja ich habe viel falsch gemacht
Das weiß ich jetzt und das sag ich jetzt

Hier und jetzt

97.

Wieder mal allein

Kann es sein das

Alles dauert ewig

Oder kommt der Entzug

Wenn ich Musik höre bebt das Herz

Und das Blut kocht

Der Wein rinnt runter die kehle

Wieder mal allein

Die Zigarette schnürt mir die Kehle zu

Ich bin am Weinen mit dem Wein im Glas

Und dem Rauch in der Lunge

Immer allein

Doch das Koks ist bestellt und kommt bald

Dann werde ich wieder richtig fliegen

Und den Himmel sehen, bevor ich bin

Wieder allein.

98.

Der Regen kommt ohne Vorwarnung

Wenn er auf einen fällt, ist es kalt und nass

Doch innen wärmt es mich

Die Welt schaut endlich mal so aus wie ich sie

sehe

Ein dunkler Ort voller verseuchtem Wasser

Wenn er fällt

Spült es alles weg

Häuser und Autos

Trauer und Herzweh

So kann es sein, dass ich mich erwische ich

Ich lache

Wenn er fällt

Ist alles leise und doch durchdrungen von

einem rauschen

Auch ohne Rausch sehne ich ihn mir her

Meinen besten Freund – der Regen

Wenn er fällt

Ist alles gut

In dieser Welt

99.

Nicht schlafen können
Ist die schlimmste Folter
Egal was da kommen möge in den Träumen
Es ist und bleibt
Besser als das hier und jetzt
Nicht schlafen können
Ist ein einsamer Begleiter
Der älteste Freund
Immer da und wird noch lange bleiben
Wenn nicht mal mehr die Medikamente helfen
Kann ich nur wach bleiben und schreiben
Musik hören und Kettenrauchen
Wenn ich nicht schlafen kann
Ist alles weit weg und leise
In meinem Kopf
In meinem Herz
Allein und wach mitten in der Nacht.